Deutsche Haiku-Gesellschaft (Hrsg.)

Die Sonne reifer Äpfel

Eine Anthologie: Tanka – Haiku – Haibun

Bibliografische Information der Deutschen Nationalbibliothek:
Die Deutsche Nationalbibliothek verzeichnet diese Publikation in der Deutschen Natio-
nalbibliografie; detaillierte bibliografische Daten sind im Internet über http://dnb.dnb.de
abrufbar.

Redaktion und Satz: Horst-Oliver Buchholz
Lektorat: Peter Rudolf
Cover-Gestaltung: Stephanie Mattner

Herstellung und Verlag: BoD – Books on Demand, Norderstedt

ISBN: 978-3-7543-0448-8

INHALT

VORWORT

Beim Blick aus dem Fenster, während ich gerade den letzten Punkt dieser Anthologie gesetzt hatte, das Werk scheint vollbracht, hebt plötzlich ein wirbelnder Frühlingswind an, mischt Blütenblätter auf und teils noch Laub vom Vorjahr, bis alles schließlich zum Erliegen kommt, der Wind weiterzieht und auf dem Rasen ein buntes Farbenmuster aus Blüten und Blätterwerk hinterlässt. Ein Bild, in das jede Jahreszeit seine Spuren gezeichnet hat. Die Jahreszeiten: ein klassisches Motiv traditioneller Haiku-Dichtung und verwandter Formen.

Ein Jahr zuvor, im Frühjahr 2020, hatte der Vorstand der Deutschen Haiku-Gesellschaft den Keim gelegt zu dieser Anthologie. Ein neues Werk sollte reifen, gewachsen aus zahllosen Inspirationen der Mitglieder der Haiku-Gesellschaft, ein repräsentativer Querschnitt aus dem kreativen Schaffen der vergangenen fünf Jahre.

Nach einem Autorenaufruf rauschte es gewaltig im Walde der Dichterinnen und Poeten. Hunderte literarischer Beiträge wirbelten in die Redaktionsstube der Anthologie, bis eine ordnende Hand sie schließlich zu dem vorliegenden Werk zusammenfügte.

Nahezu 500 Werke fanden Eingang in das Buch, die formal wie auch inhaltlich einen weiten Bogen spannen: von traditionellen bis sehr persönlichen Werken, von Jahreszeiten bis Zeitgeschehen, von Emotionen bis nahe an den politischen Kommentar, was bedenklich ist, aber zulässig. Möge der Leser sich selbst ein Urteil bilden, wozu dieses Buch ausdrücklich einladen möchte.

Die Anthologie eröffnet mit Tanka, was eine kleine Besonderheit ist, stehen doch sonst zumeist die Haiku an erster Stelle des Interesses. Doch das Besondere weckt Aufmerksamkeit, und Tanka sind historisch die ältere Form, sie stehen somit am Anfang einer Entwicklung – und auch deshalb am Beginn dieses Buches. Die Haiku folgen in der Buchmitte, sie bilden den Kern der Anthologie, bis schließlich die prosaisch geprägten Haibun den Dreiklang vollenden.

Mögen die Werke einen Nachhall finden und bei ihren Leserinnen und Lesern Saiten zum Schwingen bringen. Doch welches Lied mag erklingen? Entscheiden Sie selbst.

Hanau, Mai 2021   Im Namen des Vorstands

                                   Horst-Oliver Buchholz

TANKA

Die letzten Stufen
so schwer zu gehen
jeden Tag
aufs Neue fragt sie mich
wer ich denn sei

im Baumwipfel
eine Hand voll
Himmel
da hinein hänge ich
meine Gedanken

Claudia Brefeld

auf seiner Schulter
das Tattoo
einer Echse
in seinen Genen Spuren
von Jahrmillionen

Brigitte ten Brink

nahm alle
Rosenblüten mit
der späte Sommerwind
derweil Du bei mir bist
auch in diesem Jahr

Horst-Oliver Buchholz

Vor der Hütte
in seinem Garten saß
abends der Vater
rauchte Pfeife, erzählte
vom Krieg, immer wieder einmal.

Reinhard Dellbrügge

keiner weiß
wie tief das meer ist
da draußen
am strand die frau
im schwarzen tuch

wie war der mond
damals – der wind
der uns streifte
vergilbt die briefe
zerronnen die zeit

Gregor Graf

einsam irrt
eine ameise
auf meinem tisch umher
sucht im schein des mondes
die verlorene straße ...

himmel und hölle
in den fresken
der basilika –
die rufe
der mauersegler ...

Ruth Guggenmos-Walter

in meinen Herbst
webst du ein Netz
aus Spinnenfäden
und hakst den Karabiner
in die Luft

Gabriele Hartmann

hoch in den Bergen
an blühenden Bäumen vorbei
würzige Luft atmen
frischer Wind am Ort der Stille
Gemeinsamkeit – der Klang der Koto

Ute Kassebaum

die alte Vase
mit den blühenden Veilchen
zusammengeklebt
wie das Leben der Tante
vor den Leuten besteht

mehr als die Hälfte
ist meine Zeit verstrichen
in Zentimetern
messe ich die Abstände
für Krokuszwiebeln

im Geigenkasten
nur eine kleine Münze
als Lohn
in hohen Tönen klingend
die Wehmut schwerer Tage

aufgeplatzt
längst vergangene Wunden
in die Erde
lege ich Samen um Samen
für eine gute Zukunft

dieser sanfte Blick
meines kleinen Großkindes
wenn er etwas will
da sollte ich zuweilen
eine Rüstung anlegen

Silvia Kempen

Es darf auch einmal
ein Tee mit einem Schuss sein –
Rum bietet sich an

Man kommt nicht darum heRum
den Trunk auch nachzuladen

Gelber Frack im Schnee
Rote und blaue Kappen
tanzen vor Freude

Rundum ist buntes Treiben
Karneval am Vogelhaus

Drachen im Nordwind
Erntefest für den Kürbis
Zeit des Vogelzugs

Beginn der Hochkonjunktur
für Schal und Pudelmütze

Reinhard Lehmitz

Besuch im Pflegeheim
ein glückliches Lächeln
beim Anblick der Enkelin
mit dem Abschied geht
die Erinnerung

Gerhard Leppmeier

alles was ich
in diesem Frühjahr pflanzte
welk und verblüht
und dennoch freu ich mich wie
ein Kind auf den ersten Schnee

Eva Limbach

Letzte Reisernte,
sie streckt den Rücken, so fern
der Heilige Berg –
Shinkansen rast, rast vorbei
in die wachsenden Schatten

Heidelore Raab

L

Daddy auf der Bank,
darunter Kater Uino
schlaff und beide platt
in rundherum sprießender
sirrender Sommerhitze

Peter Rudolf

das paillettenkleid
hängt ungetragen am schrank
und glitzert golden

eine rettungsdecke
für die kommenden zwanziger

Annika Carmen Schmidt

Der Wanderweg
als hätte er das Schneetuch
entzwei gerissen
für die blaue Ankunft
des Frühlings

Immer steht einer
näher am Strom und
der andere sitzt
auf seinen Gedanken
die Angel versunken im Tag

Angelica Seithe

HAIKU

Frühlingsmorgen
Kinder- und Vogelstimmen
alle Klangfarben

blühen und welken
am Rondell die Rosen
welken und blühen

ums Kartoffelfeuer –
was wir sagen und schmecken
so erdig

durch kühle Gassen
zieht Zwiebelkuchenluft
und der Herbst

Kalter Wintertag
Früchte in Rum – süß und warm
der Sommer in mir

Ellen Althaus-Rojas

flaschenkürbis
aus dem vollen geschöpft
der klang

frostbeulen
im asphalt – das auto hoppelt
in den frühling

labiler stand
zwischen himmel und hölle
in der kreide

ein kinderfoto
sie hängt noch auf der klinke
die alte springschnur

sturmwarnung
der eilzug
der wildenten

Sylvia Bacher

Literaturnacht
auf jeder Seite
der Frühlingsmond

Frühlingsgefühle
sie kauft
einen Schwangerschaftstest

im Hofladen
eine Polin verschenkt
ihr Lächeln

Frühstück
im Kaffee der Schatten
eines Kranichs

im See
durch den blauen Himmel
schwimmen

Christa Beau

Komm in den Schatten,
sprich ohne Worte zu mir,
damit ich dich spür!

Der einsame Teich
blickt fragend zu mir herauf –
Waldbodenauge.

In kühlen Nächten
erträumen auch die Reben
Labsal der Sonne.

Auf, schwarzer Käfer,
wandern wir ohne Gefahr
auf Morgenpfaden!

Den Rückspiegel ziert
eine Corona-Maske
statt Christophorus.

Thomas Berger

sieh mal dort
früher hätte sie
seinen Arm berührt

alte Arztrechnungen
wie gesund
sie mal war

Weißdornblüte
er denkt
an Sommerreifen

Welt ging verloren
er legt die Zeitung weg

da gehen sie zur Arbeit
der Rentner rührt und rührt
den Tee

Martin Berner

Im Park eingeschlafen
zum Flötenspiel des Kunstwerks
unterm Holunder

Holunderblüten
weiß ist der Traum auf der Bank
des Flötenspielers

Flüssigkeitsmangel
im Burggraben wächst das Gras
über die Umwelt

Gold in der Blüte
wahrer Schatz der Natur
fliegt brummend davon

Pfingstrosen duften
ihre Köpfe hängen
Sterbebegleitung

Eva Beylich

Nur ein Augenblick.
Der Frühling hat nicht den Mut –
länger zu bleiben

Sturmerprobt sitzen
die Möwen auf der Brücke –
Wind kommt von achtern

Im Sommergras wiegt
sich die Libelle –
trotz Klimawandel

Der Wald vor dem Haus.
Immer weniger Blätter –
geben den Blick frei

Auf der Balkonwand
wärmen sich Schmetterlinge –
die dünnen Flügel

Freya Bielefeld

Frühlingswanderung
das Vogelgezwitscher
nicht auf dem Foto

Allerheiligen
im Grabgesteck Zweige vom
Lebensbaum

Geburtstagsmorgen
Spuren von Krähenfüßen
nicht nur im Schnee

überall im Haus
Spuren der Enkelkinder
Corona-Stille

Brigitte ten Brink

Heidedorf –
kein Laden in Sicht, Kinder
mit Pfeil und Bogen

Großmutters Tasse
heißen Kaffee umschlingen
Rosenranken

Sommerdürre
der Schatten des Windrads
mäht das Feld

Winterreise
im Autoradio
weißes Rauschen

zur Sicherheit
Maske auf
rein in die Bank

Marcus Blunck

Abstandsregel
unsere Küsse
aus Schaum und Schokolade

Blaue Stunde
mein Glaube
hat eine Farbe

Nachtangeln
der Karpfen beißt
in den Mond

Kriegsbericht
der Kinder
Augen

Elke Bonacker

Schneeschmelze
in ihren Bewegungen
schon Frühling

Treibender Nebel …
Diese Stille
          nach der ich mich einst sehnte

shutdown
entdecke den Wald
meiner Kindheit neu …

Claudia Brefeld

innehalten
mein Schatten aufgehoben
in dem der Linde

überm Fluss steht Nebel.
wohin das Leben uns trägt

dann ging sie fort
im Mörser
zerstoßener Pfeffer

Horst-Oliver Buchholz

In Winternächten
Schneefall und Fröste
Natur ist erstarrt

Osterfeiertage
der Ginkgo bekommt Knospen
Vögel sind munter

Zum Vogelkonzert
tanzt ein bunter Schmetterling
das Falterballett

Die weiße Wolke
an Brechts Gedicht erinnernd
schwimmt im Himmelsblau

Rotgrün und gelbbraun
Blätter wirbeln im Herbstwind
wild und widerspenstig

Mait Buttgereit

Beim Sommerkonzert.
Publikum applaudiert und –
leise der Klatschmohn.

Sangen „Roter Mohn …"
von Serrano „warum welkst
du denn schon". Schade!

Mit Schwalbenspeichel
ein festes Nest gebaut. Und –
Glück ans Haus geklebt.

Mitte Dezember.
Noch kein Haiku fertig. Fall –
für Psychologen.

Den Sommer verträumt.
Wolken hinterhergeschaut –
und doch nichts versäumt.

Ingo Cesaro

Schnee und Glockenklang
das Gartentor geht jetzt auf
der Wind, nur der Wind

Bäume nur aus Licht
tragen den Tag in die Nacht –
nirgendwo ihr Haus

eine Lichtdecke
knistert über den Bäumen
wacht der Frühling auf?

das Holz ist rau, morsch
er streichelt seine Kindheit
ein Schaukelpferd

frisch gesätes Beet
dort schauen Scherben raus – ja,
Mutter Teetasse

Verona Costache

ein Jahr nach Mutters Tod
das Gespräch mit ihr
noch intensiver

Rigorosum
allein mein Abbild
folgt dem Gespräch

Alpine Straßenrandkapelle
Desinfektionsapparat als Wache
an der Tür

Mützen und Schutzmasken
die Studenten versuchen
mein Alter zu raten

ma petite amie
das Unbehagen, meine große Liebe
kleiner zu machen

Maya Daneva

die Kindheit –
heimlich gepflückt vom verbotenen
Kirschbaum des Nachbarn

fliegende Sterne
im Bergwald bitten zahllos
Glühwürmchen zum Tanz

Bahnhof der Blätter –
wann geht der nächste Wind
?

ins Ohr geflüstert
wie gut sie tanzt – schon küsst mich
die schöne Fremde

Ameisenhügel
die Stadt im Morgengrauen
ohne Rast und Ruh'

Michael Deisenrieder

Sommermorgen
die Fenster weit geöffnet – irgendwo
singt ein Kind.

Abendsonne.
Der Alte auf der Bank
spricht mit den Enten.

Vollmond
am Bodden. Der Poet
schlägt nach den Mücken.

Mitternacht –
von nebenan das Ächzen
des Kühlschranks.

Reinhard Dellbrügge

Frühjahrsputz
an der Teppichstange
turnen Kinder

Muttertag
ein Fremder pflückt Blumen
in meinem Garten

Waldspaziergang
aus dem Astloch
Kindergeschrei

zeternde Amseln
Nachbarkinder entern
den Süßkirschbaum

Weltklimakonferenz
durch die Gassen
weht ein Pappbecher

Hildegard Dohrendorf

am rand der dünen: sanddorn
auch die dritte beere
herb und mit stein

labyrinth irgendjemand spielt klavier

jahresrückblick
von einem rotkehlchen
angeschaut worden zu sein

neben der Pfütze
fügen zwei Kleine die Eisstücke
zur Pfütze

Morgendämmerung
eine Amsel legt uns
die Welt ans Herz

Bernadette Duncan

kufenzerkratzt
scheint der wintermond
auf das eis

blicke
passieren wortlos
im park

im gras
zwischen rotem mohn
ein stück himmel

in der straßenbahn
gegenüber
ein lächeln

sonnenuntergang
im heusüßen sommerwind
zusammenliegen

Hans Egerer

Sommerlicht ...
meine Gedanken weiße Seidenschirmchen im Wind

Kornfelder endlos die Sommer der Kindheit

Wetterleuchten ...
heute Nacht bin ich ein kleiner Vogel

Schneefall –
ich betrete ein vergessenes Land

Schneewind –
die Klage eines Saxophons

Gerda Förster

die kinder kreischen –
am versteckten osterei
labt sich eine maus

die waldameise
trotzt der enormen hitze –
im wassertropfen

dichte nebel ziehn;
autoscheinwerfer flackern
wie kerzenlichter

ein frierender hund
angeleint am straßenrand;
blick voll vertrauen

ihr gesicht aufgequollen
von unzähligen tränen –
am spielplatz lachen

Mario Freingruber

Selbst Stacheldraht
kann dir Halt sein: Mohnblume
im Wind!

Golfplatz.
Unter dem fliegenden Ball
ein Froschkonzert.

Wirklichkeitseinbruch.
Das Armaturenbrett des Busses
im Winterlicht.

Morgendämmerung.
Spräche ich, zerstörte der Klang
alle Schönheit.

Vom Nichts ins Nichts –
das Lied eines Vogels erleuchtet
den Wintertag.

Volker Friebel

Die Brombeerhecke
voll schwarzer Schrunzelbeeren
Dörrobst des Sommers

Vor dem Hochhaus
die alte Badewanne glänzt
als neues Kräuterbeet

Silberhochzeit
zweistimmige Stille

Reife Erdbeere
süß und saftig hängt sie
unter der Nacktschnecke

Allerheiligen
Ich gedenke der Toten
zu anderer Zeit

Nicol Goudarzi

mond und karpfen
erstaunt sich
mustern

im ofen
noch glut
vom alten jahr

fliegen
wie ein sperling
würde mir genügen

Gregor Graf

neujahrsmorgen –
die stille
der tiere ...

alter schafstall
auf dem eingebrochenen dach
das spiel der füchse ...

unterm baum
der puppenwagen
voller äpfel ...

Ruth Guggenmos-Walter

Wochen danach
sucht er auf dem Kissen
ihr Lachen

ein Regentropfen
die Schwere einer Wolke
im Netz der Spinne

Dinge
nach dem Weg zu zweit
wieder Dinge

Sommerzeit
hineinträumen in den
Schatten

Rotwein
er spricht in
ihr Glas

Matthias Gysel

Landfrauenausflug –
der Planwagenkutscher macht
die Mucke lauda

Frühaufsteher –
das Nikolausgesicht
in der Dämmerung

Das Blinken des
Syltaufklebers
auf der Mittelspur

Halloween –
der Kürbis vorm Friedhof
fratzt mich an

Mal wieder vor mir
auf dem Gipfel:
Der Anton aus Tirol

Taiki Haijin

Flügelschlag
im engen Kokon
Verwandlung

Auf dem Schulhof
um das letzte Stück Brot
zanken Raben

Unterm Lindenbaum
eine stumme Zeitzeugin
die alte Holzbank

Wiedersehen
nach vielen Jahren
Herzklopfen

Fürbitten
gleiten durch ihre Hände
Perle um Perle

Erika Hannig

Scherenschnitte –
abermals erblüht
der Rosenstock

Flamenco –
im Raum das Knistern
seiner Gedichte

der alte Meister
sein Tagewerk vollbracht –
Maserung im Licht

Cap Arcona
Wellen überspülen
eine Rose

im alten Angelboot
vertäut
das Morgenlicht

Claus Hansson

Kirschblüten
im Wind – die Choreografie
vor seinem Vielleicht

Ikebana
ich stemme mich
gegen den Sturm

verknotete Fäden
wir spulen die Zeit
zurück

Frau Luna wacht
mit schmalem Auge
grüße ich zurück

Gabriele Hartmann

Leblose Nässe.
Der Nebel im Kleingarten
greift jetzt auch nach mir

Die Träume vom Glück
gleichen den Blättern im Herbst,
erst farbig, dann welk

Im Dunkel der Nacht
das Echo meiner Schritte
von den Hauswänden

Feine Schleier
ziehen über die Felder.
Erstes Laub fällt

Positionslichter
glitzern suchend durch die Nacht.
Doch niemand legt an

Georges Hartmann

Silvestereinkauf.
Neben der Kasse, geknickt,
ein Weihnachtsmann.

Erste Grashalme
auf deinem Grab – wie könnte
ich sie ausreißen?

Sylvia Hartmann

radioabend –
die armenische musik
wird mir zur arche

sie zögerte
zwischen blick und hand –
wie der zeichner

fallobst: äpfel
zu lang im gras gelegen –
ameisenwege

waldspaziergang –
der sohn *filmt* eine schnecke
der frühling dehnt sich

kein blatt will fallen
du schaust und schaust – oktober
woran denkst du nur?

Bernhard Haupeltshofer

Bitterschokolade
das dunkle Geheimnis
meines Opas

Ein junger Mann
Großmutter
errötet

Ausgrabung
unter dem Pflaster
der Strand

Fruchtfolge
ich lerne den Rhythmus von
Dankbarkeit

Launige Predigt
Gott nimmt ein Sandbad
als Spatz

Birgit Heid

Abschied ...
die Antwort schließt sich
dem Wind an

Plein Air
die Farben der Bäume
mischt der Wind

flackernde Kerzen
der Glaube verfangen
in seiner Kleidung

historischer Markt
brüchige Landkarten
vom Frieden

erstes Treffen
ihre Hunde können
sich nicht riechen

Martina Heinisch

Namensschilder
im Kräuterbeet – noch zeigt
sich kein Blättchen.

Träge die Luft,
träge die Gedanken –
ein Apfel fällt.

Die Amsel und ich –
wir teilen uns die Trauben
geschwisterlich.

Schwerer Schneeregen
zwingt den Bambus in den Teich;
wie leicht er sich biegt!

Der Höllenlärm
der Neujahrsraketen:
Lonesome tonight.

Monika Hermann

aus Eden …
geblieben ist uns
Fliederduft

Windenblüte –
drehe noch einmal
die Sanduhr

wie sie locken
am Rande der Tiefe_
wilde Erdbeeren

von Vögeln gesät …
ernte das Licht
der Sonnenblume

Marienseide
binde
das kleine Glück

Angelika Holweger

Dichterlesung vorm
Tempel mit Freunden essen.
Gingkoblaetterfall.

Ausstellung, voller
Trauer die Bilder. Herbstjob
des Malers ernten!

Nach langen Jahren
im Herbst getroffen. Vier
ist schon die Tochter.

Ein Steingott ruft sie
an: Erhole Dich im Wald!
Bunter Blätterfall.

Nicht mehr weben und
faerben, die Tempelfreundin
geniesst den Herbstmond.

Saskia Ishikawa-Franke

kinderaugen
in seinen händen
brot

itazura

Septemberlicht
in meiner Heckenrose
das Netz Indras

lange noch
das Blöken der Lämmer
Wacholderheide

Fjordwege
seiner Füße Abdruck
im Licht

Fronturlaub
die Sprache zieht sich zurück

Bauernkate
im Geburtszimmer
mein leiser Atem

Ilse Jacobson

Das Paradies:
Gesang der Vögel am Morgen
am Morgen der Welt

So viele Tage
sich zu täuschen über
die wenigen Jahre

Abend – die Sonnenblumen
kehren der großen Schwester
den Rücken

Kraniche sehr hoch
Es ist nicht die Hand die winkt
es ist das Auge!

Herbst
die Erde trägt Licht
und der Himmel Fell

Rüdiger Jung

Im Café –
Die Stille
über den Displays

Kirschenzweige
es wird heller
in der Wohnung

Selbst-Isolation
Zwischen Kochtopf und Wäsche
nach Haiku suchen

Maiglöckchen
selbstgepflückt
am Muttertag

Saurierskelett
er denkt an seinen
Hund

Deborah Karl-Brandt

Kirschblüte in Kyoto –
wir skypen
mit rosa Masken.

Frisch verliebt –
wie er knirscht und knarzt
der alte Eibseekahn.

Septembermorgen –
wir lauschen dem Storchenpaar,
das nicht mehr klappert.

Zen-Meditation –
Schmerzen
beim Lotussitz.

Auf dem Foto –
wie sie duften
die letzten Rosen.

Manfred Georg Karlinger

Augen schauen
fragend die Gesichter
Freude im Herzen

Sakura
ein Wort, das Bilder malt
im summenden Wind

Ute Kassebaum

Feldidylle
wo sonst der Bussard kreist
eine Drohne

In der Kirche
auch die Christusfigur
verstaubt

Morgengesichter
in der S-Bahn
haben den Tag schon hinter sich

Raus ins Grüne
ihre Blicke
vom Laufband aus

Wanderung im Nebel
nun ist das Moos
der blaue Himmel

Petra Klingl

Volksgarten Nilgans
humpelt, Käfiggans Tierschutz
schnell mitgenommen

Kind weint, Blumgärtlein
Grünstreifen, Rasenmäher
Stadt weggeschnitten

Siebenschläfer
Aachen Regen, Rheydt trocken
Düsseldorf Regen

Him- Erdbeere, Wald
Wegesrand, feuerrot – Mund
Kerne ausgespuckt

Lebt heute, morgen
bunt entartete Kunst das
Gestern überlebt

Hildegard Korsten

erstes Lerchenlied
aus den Feldern steigt
der Duft des Lebens

Fahrt zum Brocken
das wilde Haar
der Frau vor mir

Vollmond –
die Nacht schreit
mit offenem Mund

der Zwetschgenkuchen
die Wespen und ich
Erntedankfest

ein Ast knackt
in die große Stille –
Winterwald

Gérard Krebs

mondhell die nacht
vor der terrasse im gras
lautlos ein igel

am gartenteich
ein junger reiher
ich zähle die fische

am teichrand
reste vom neujahrsfeuerwerk
eine amsel badet

nach dem urlaub
das nest der amsel
verlassen

Renate Küppers

Die offene Tür –
alles nahm der Dieb mit, auch
die Wärme im Haus.

Die Blumen im Park.
Niemand ist unterwegs, um
sie zu bewundern.

Der einzige Baum
in der Straße – voll Blüten.
Ein Hund hebt das Bein.

Auf dem Weg ein Zweig.
Als ich näherkomme, kriecht
er langsam weiter.

Das rostige Beil.
Im Garten blühen wieder
die weißen Rosen.

Moritz Wulf Lange

Für den Umweltschutz –
Feuerwanzen strömen zu
einer Kundgebung

Im Gebüsch pinkeln –
Schauen sie woanders hin
Herr Gartenrotschwanz

Reinhard Lehmitz

Moos bedeckt den Stein
ein zartes grünes Lager
der Wanderer schläft

Vorhang aus Nebel
weißes Kleid des Verbergens
versteckte Lieder

freier Adlerblick
Berg und Meer scheinen nah
die Distanz verblasst

Erlösung:
die Welt öffnet die Arme
wir fallen hinein

Meeresabendlicht
das Meer frisst jetzt die Sonne
ein köstliches Mahl

Katja Leonhardt

Lockdown
Covid 19 reißt Lücken
ins Nudelregal

Meditation
die plötzliche Stille im Kopf
wie ein Donnerschlag

Social Distancing
man kommt sich näher
beim Hofkonzert

Stille im Zengarten
nur das Parfüm der Nachbarin
ist etwas laut

Gerhard Leppmeier

Palliativstation
jedes Kreuzworträtsel
gelöst

Sommerwein
die Leichtigkeit
unserer Zweifel

wie man Abschied nimmt
wolltest du mir zeigen ...
Apfelblüten im Wind

Sterbestunde –
komm lass uns einmal
über den Schnee reden

Eva Limbach

Sonntagsglockenklang –
eine Mandarinenschale
liegt in den Sträuchern

Der kleine Junge
umkreist die Gänseblümchen
im sonnigen Gras

Eine spannende Geschichte –
die Fliege sitzt auf dem Buch
und putzt ihre Beine

Fern am Horizont
Segelschiffe – weiße Möwen
schwimmen im grünen Meer

Die Sonne spiegelt
in seinen Brillengläsern –
Ruhe auf dem Fenstersims

Barbara Lindner

Burnout –
immer wieder malt er
unberührten Schnee

Die Sonne im Rücken ...
ein Traktor zieht Staub über die Felder

Wurzelsteig ...
das Rauschen meiner Gedanken
verstummt

weiße Hortensien
wir benennen unsere Ängste

Novemberblues
die langen Schatten
der Mauer

Ramona Linke

Filigranes Grün:
Verloren das Paradies
an Betonwüsten.

Frühlingsspaziergang:
Den Duft von so viel Freiheit
lass' ich den Bienen.

Die Welt dreht sich im
Kreis: Auf ihrem Jahrmarkt wird
der Planet verkauft ...

Überall Grenzen.
Weihnachten ist Ewigkeit
auf den Punkt gebracht ...

Ein dürres Jahr geht
zu Ende: Narrenschiff Welt
fährt blindlings Volldampf ...

Otmar Matthes

Ausgangssperre –
die Amsel sammelt
Kirschblüten.

Stubenhockerei –
im Tümpel ein träger
Vollmond.

Schneller Schnecke –
ein Regenschauer
ist dies nur!

Schwerfällig
der Taubenflug –
Schnürlregen.

Rostbäumig
der Berg – Kraniche gleiten
auf Kondensstreifen.

Johann Matye

Frühlingskonzert
der Buchfink im Duett
mit dem Rasenmäher

lass doch das Fenster
Fliege
die Tür steht offen

Sommerhitze
ein Bussard
umkreist den Mond

Neuland
der dritte Zeh
beim Body Scan

leidenschaftliche Begegnung
der Sturm
und ich

Ingrid Meinerts

Rast nach dem Abstieg
wir schweigen erschöpft
eine Lerche steigt auf

Im Schwimmbad
pfeift er ihr hinterher –
auf einem Grashalm

Stille nach dem Sturm
vom Baum vor meinem Fenster
schwebt Blatt um Blatt

Der Schnee knirscht
im Friedwald sucht sie sein Grab
findet den Baum nicht

Sie stippt ihren Keks
in seinen Tee – schenkt ihm
ein zahnloses Lächeln

Sigrid Mertens

die alte Kirche –
zerfallen, morsch. Nur Wespen
singen am Altar

Ich feiere den
Ruhestand. Am Tisch liegt ein
verfaulter Pfirsich

Wrens looking for worms,
leaving scratches in the earth –
bird calligraphy

a small cloud struggles,
pulling a large one out to
sea – no rain today

Shawn Mödl

erste Schwalbe
er verspricht mir
eine Reise

Familienfeier
im Stimmengewirr
fehlt eine

Treibholz
wir halten uns
an den Händen

Adventskalender
die verschlossenen Türchen
zur Kindheit

Wintervögel
wir zählen die Zeit
die uns bleibt

Eleonore Nickolay

die Espe steht still
deine Worte sind hörbar
wie Steinschlag

Sommersonne
ein Grünen und Blühen
der Frosch vergräbt sich

nach dem Regen
die Biene trinkt am Tropfen
die Welt

Herbstblätter im Sturm
kahle Bäume bleiben
zwischen Häusern stehn

Autos und Beton
an der Ampel stehn Kinder
sie warten auf Grün

Jutta v. Ochsenstein

Katze springt vergebens,
kommt auf keinen grünen Zweig!
Vögel jubilieren

Verwaister Spielplatz - - -
Zwischen Rutsche und Schaukel
flatternde Falter

Auf Hochtouren fliegt
der Lieferservice - - -
piep piep piep

Streunender Windwolf - - -
Sterne, goldene Geißlein,
jagt er durch die Nacht

Teich in Scherben.
Schwarzgefiederte predigen
den Winter

Heidelore Raab

Zelda
eine wichtige SMS
an die küchenfee

Härtefallfonds
durch die finger schauen
mit maulkorb

wogende gräser
im fahrradkorb
histaminum d6

kastanien
die braun gefleckten wege
zu deinen augen

leberkässemmerl
ich wisch mir das aschenkreuz
vom hirn

Sonja Raab

Sonnenwendfeuer
am Rand der Glut
sprießende Gräser

Abend am Fluß
im Mondlicht tanzen Märchen
auf den Wellen

über dem Weihnachtsmarkt
Engelflügel
streifen meine Schultern

im leeren Garten
Weinkrug
vergessen

Maskenpflicht
auf dem Ball der Gräfin
und dem Tanz der Pandemie

Rita Rosen

wir ziehen Kurven
durch den Schnee und du
bewunderst meine

in diesem Frühling
die erste Jungfer in Grün
ganz in Weiß

regennass liegt er,
der rote Ginster, aber
in welcher Grazie

von deinem Haar
die Zeit ablesen
und festhalten

Peter Rudolf

Eine Trinkschale
im Gold der Morgensonne
welch ein Vogelglück!

Abendsonne
eine Frau erhebt ihr Glas
drei Tische weiter

Kinderlachen
schallt aus dem Hinterhof
mein leichterer Gang

Noch Frühlingsfrost
am Meer bleibt im Dünengras
ein Wunsch zurück

Morgenkühle
streift durch das offne Fenster
ein Liebesgesicht

Frank Sauer

der zeiger zuckt
die uhr steht fast still
und tickt doch

die müllsackschlange
führt direkt auf die straße
umzug ins blaue

des geisterpodcasts
weißes rauschen verscheucht
die graue stunde

vor dem markt schlangen
sie öffnen das paradies
die äpfel reichen

Annika Carmen Schmidt

erster Schnee –
ich erwache im Licht
dieser Nacht

Himbeerschlag –
das süße Gezwitscher
der Grasmücke

Flutsaum –
unter unsern Schritten
das Knirschen der Herzmuscheln

Angelica Seithe

Achtung, Eichhörnchen!
Er kommt lautlos geflogen
der Eichelhäher

Sonntagnachmittag
im Garten summt er
der Maulwurfschreck

Die Butterblumen
leuchten am Weg auf dem Deich
in den Herbstnebel

Außen-Jakuzzi
auf dem dampfenden Brodeln
tanzt gelbes Herbstlaub

Lebkuchenduft vor
blauem Himmel: das Blattgelb
des Katsukabaums

Maren Schönfeld

mit Strahlen durchwirkt
spannt sich Nebel vom Fluß her
die Sonne säumt noch

wundersam reich
mit seinen nur zwei Farben
der Hollerbusch

Einsam in der Luft
wirbeln winzige Flocken.
Am Boden vereint.

Friedliche Pause
doch es gibt Wellenkreise
mit Spiegelungen

Wie geduldig doch
stehen winters die Bäume,
stehen und warten.

Hildegund Sell

Über grauen Wolken
und kahlen Ästen segelt
ein Boot voller Licht

Nadelduft und Moos
Warm der Waldboden
Großmutters Hand

Ein Regenbogen
Zwei Amseln auf einem Dach
Sommer nach der Flut

Mittagspause
Butterblume und Klatschmohn
laden ein

Kleiner Sanderling
du jagst deinen Schatten
bis zum Horizont

Sulamith Sommerfeld

Nur Regenwolken,
der ganze Himmel ist grau.
Das soll Winter sein?

Die Katze will rein,
Frauchen ist ihr zu langsam.
Empörte ‚Miaus‘!

Singende Vögel
bevölkern meinen Garten.
Die Katze stört nicht.

Blütenreicher Baum,
darin zwitschert ein Vogel.
Unsichtbar für mich.

Daheim arbeiten,
mir fehlen die Kollegen.
Blödes Corona.

Gerhard A. Spiller

zeit
gespeichert in herbstlaub
abendspaziergang

wörter fallen
über den rand ihrer sprache
allerseelen

schatten
gelegt auf schatten
briefe der verstorbenen

wurzelpfad
mein gespräch
mit vater

die alte sprache
vom glück
g i s c h t r e g e n b o g e n

Helga Stania

Rosen gefroren
Eisheilige sind früh dran
kalt war die Nacht

Stetiges Tropfen
klingt in der Plastikschüssel
Dachschaden

Riesige Tropfen
Markt verwandelt sich in Teich
Einkauf im Regen

Im Wartezimmer
auf den Stühlen Leute
ins Smartphone vertieft

Frost auf den Blättern
glitzert im Sonnenlicht
Wärme vertreibt ihn

Antje Steffen

Stramm stehender Mais
vor Bio-Gasanlagen
nirgendwo Wiesen

Weit und warm und hell
hinter der Stirn Landschaften
ich werde reisen

Tags Sonne nachts Frost
ob du durch den Winter kommst
schöner Schmetterling

Bauchmuskeln gespannt
Sprung in die Mitte des Tuchs
den Salto schrauben

Jochen Stüsser-Simpson

Kirschblüten
eine blinde Frau spürt
den Frühling

Rostauto
liebevoll streicht er
über das Blech

Herbststurm
nur die Blätter im Schaufenster
bleiben unbewegt

Umzug
die leeren Räume
voller Erinnerungen

Corona Café
fast jeder Gast
eine Insel

Joachim Thiede

Noch vom letzten Jahr
dies Schild am Straßenrand
‚Neue Ernte'

Zwei Sterne leuchten
Erste Vogelstimmen schweben
durch die Nacht

Tiefrot leuchtet ein
Sonnenstrahl in der Rose
vom letzten Sommer

Januarnacht.
Die Mücke im Kaminholz
summt ein Wiegenlied

Beim Anblick seiner
Leine in meiner Hand springt
er wie ein Flummi

Angela Hilde Timm

Schneehimmel
auf brüchigem Eis
putzen sich Schwäne

Frühgymnastik
immer beschwingter
von den Stimmen der Vögel

Abendsonne
mein Weg begleitet
von Amselgesang

offene Fenster
eine Mundharmonika
irgendwo erklingt

schattige Linde
ihre Blätter verwandelt
in raschelndes Gold

Ingrid Töbermann

der Blick auf den See
das Buch fällt aus der Hand
Lärm der Zikaden

Führung durch das Schloss.
Bewährte Scherze – leere
Rüstungen lachen.

Oberammergau
Lockdown auch für Jesus
heuer kein Leiden

Dezemberregen –
kalte Melancholie
tropft auf die Straße

was ich sagen will
was ich verschweigen sollte
passt nicht in siebzehn –

Wolfgang Volpers

Im Holunderduft
brütet die Sonne den Tag aus
hundert Dolden

Schwungvoll die Weide
im neuen Blätterumhang
für dich und mich

Nur gelb im Kopf
Unumwunden nicken sie
Narzissengrüße

Im Duft der Linden
gehen unsere Schatten
von Grab zu Grab

Ein schmales Lächeln
Der Mond nimmt seine Sichel
für ein neues Jahr

Beate Waszner

wolke schnappt nach meer
der himmel ein dunkles maul
rudert zum horizont

ein wolkenhimmel
die löcher verschieben sich
ins zitronengrün

wie käse die luft
schatten an der lichtgrenze
zerrissen der sonntag

herbst abend sonne
ich folge meinem schatten
und biege falsch ab

ein mann wirft flaschen
im container klirrt die stadt
du mauerst dich ein

Jutta Weber-Bock

Mein alter Schulfreund,
auf einmal vermiss ich ihn –
nach vielen Jahren

Abenddämmerung –
in all den Apfelbäumen
zwitschern die Vögel

Beim Joggen am Strand –
meinen eigenen Spuren
folge ich zurück

Das Kind bleibt stehen –
Rosenblüten im Garten
dort hinter dem Zaun

Am späten Abend
Hundegebell – ein Echo
hallt im stillen Wald

Jan C. Weck

Jahrestag
alte Wunden
draußen Sturm

„Du siehst jünger aus.
Der Garten ist wirklich schön."
Mehr sagtest du nicht.

Im Regenbogen
unseres Rasensprengers
vom Urlaub träumen

Septembersonne
geschenkte Barfußtage
dein Bild eingerahmt

Ich bin angekommen
am Ende meiner Weisheit –
her mit dem Glückskeks!

Birgit Wendling

Herbstmorgen
ein Rettungshubschrauber
fegt die Straße

Morgenhelle
eine Amsel singt mich
aus dem Darknet

leere Kirche
der Organist spielt
In the Mood

Altenheim
im Nebenzimmer
Nabucco

ein Traum
zaghaft berührt
vom Morgen

Friedrich Winzer

Spätsommersonne
goldener die Neige
im Cognacschwenker

nach der Ernte
der Kirschbaum voller Stille
entkernte Zeit

Spinnennetzschleier
auf den Buchsbroderien
Renaissancegarten

Rassehundeschau
der beruhigende Blick
zu seinem Frauchen

der Abendhimmel
so purpurn durchflutet
staksende Flamingos

Klaus-Dieter Wirth

Nachbars Katze Mozart
lauscht am Fenster
kleine Nachtmusik

Zwischen Farbtuben
eine weiße Rose
ihr Duft noch im Raum

Rascheln im Falllaub
eine Maus huscht dem Winter
entgegen

Abendschatten
auf dem scharlachroten Herbst –
die Sonne versinkt

Auf nächtlicher Fahrt
begleitet vom Herbstmond
kreuzt ein Wild den Weg

Gisela K. Wolf

Einatmen
immer noch Frühling
Ausatmen

Ach Zecke,
jetzt sind wir
Blutsbrüder

Dieses Wort
auf der Goldwaage:
Du

Schreibblockade
unter dem Papier
Brötchenkrümel

Nebel
meine Augen fischen
im Drüben

Stefan Wolfschütz

Im Nebel wirken
mutig versenken was quält
aufrichten den Schild

Tage in Aspik
wütend waten in Watte
trostreich Mousse und Licht

Hörst du es spriessen
Wirf ab den Winterkokon
Raum für freches Grün

Ein Craquelé
kahler Äste vor blankem Blau
Frühlingstanz in Schwarz

Anna Würth

HAIBUN

Wahre Schätze

Oktobernachmittag – wir stehen vorm Haus, meine Nachbarin und ich. Ein Gefühl der Melancholie fährt in uns wie erste Fröste in Hortensienblüten im Herbst. Meine Nachbarin verschwindet in ihrer Wohnung, kommt zurück, Bilder in beiden Händen und so einem Leuchten um die Augen. „Das muss ich Ihnen zeigen! Wahre Schätze von dem alten Herrn gegenüber! Sein Häuschen verkommt hinter den Bäumen ..., aber das hier, was wird damit, wenn ich nicht mehr bin ...?"

Federzeichnungen –
seine Striche und Farben
auf immer lebendig

Ellen Althaus-Rojas

Bewunderung

Es war vor über 40 Jahren:
Die Mutter, jung und modebewusst, war einkaufen – ein Frühlingskostüm.
Zuhause zieht sie es gleich an und erscheint damit vor ihrem fünfjährigen
Sohn: kurzer ausschwingender Rock, tailliertes Oberteil, ganz in Rosa.
Niki legt den Kopf schief und platzt dann heraus: „Das ist aber ein hüb-
sches *Rosinchen*!"

> zwei worte
> schon zu viel
> für ein ensemble

Sylvia Bacher

Das Gartenfoto

Vor mir liegt ein buntes Foto.

Ein geflochtener Korb mit vielen farbigen Sommerblumen: Dahlien, amerikanisches Edelweiß, gelber und kirschfarbener Sonnenhut, Ringelblumen. Davor posiert ein kleiner schwarzer Zwergpudel. Seine dunklen Kulleraugen schauen direkt in die Kamera.

Philou und die Freundin waren an diesem Tag in meinem Garten zu Gast. In der Erinnerung höre ich ihre Stimme und spüre das weiche Fell des Hundes, der sich gern streicheln ließ. Ich rieche den Kaffee und schmecke das Himbeereis auf der Zunge.

Wir erzählten, lachten. Der Sommer des Gartens beflügelte unsere Seelen. Nun ist es Winter. Ihr Lachen für immer verklungen.

Nacht
im Schein der Laterne
gefriert das Licht

Christa Beau

EIN ORT DES LÄCHELNS

Eine Mango, ein Reisbällchen und Erkältungsmittel – das genügte, um Shiho Tanaka, der Neunundsiebzigjährigen, endlich wieder ein Gefühl von Sicherheit zu verschaffen. Die seit vielen Jahren alleinlebende Frau fristete ihr Dasein mit einer kleinen Rente. Ihr Mann, der vor neunzehn Jahren gestorben war, hatte sie schlecht behandelt, obgleich sie sich stets in die von der japanischen Gesellschaft erwartete unterwürfige und dienende Rolle gefügt hatte. Kinder hatte sie, gewiss, sogar drei, aber diese hatten das Dorf längst verlassen und arbeiteten in Nagoya, dem viertgrößten Industriezentrum des Landes. An einen Besuch der Söhne bei ihr konnte sie sich nicht erinnern.

Schwer lastete die Einsamkeit auf ihr. Doch die Lage war nicht hoffnungslos. Sie brauchte nur in den Laden zu schlurfen und zuzugreifen. Eine Mango, ein Reisbällchen und Erkältungsmittel verschwanden in ihrem Mantel. Sie wusste aus Erfahrung, welch angenehme Folgen dies mit sich brachte.

Der Weckruf hallte durch die Flure. Die Insassinnen standen auf, wuschen sich und zogen die beigefarbenen Pyjamas an. Bedienstete schoben eine Schale Reis, Miso-Suppe und Tee durch die Zellenschlitze. Das warme Getränk tat Shiho Tanaka gut; denn in Tochigi, dem größten Frauengefängnis Japans, wurde nicht geheizt. Sie freute sich, nach dem Frühstück in die Fabrik gehen zu können. Dort war sie mit anderen zusammen. Unter der Aufsicht einer Vollzugsbeamtin mussten die überwiegend alten Häftlinge Blätter von Papierstapeln zählen. Das war natürlich eine ziemlich sinnlose Aufgabe. Doch das machte ihr nichts aus. Ihr war wichtig, dass sie, anders als in ihrem beinahe entvölkerten Dorf, eine gewisse Aufmerksamkeit erfuhr und sie in einer Gemeinschaft lebte – so hart und karg die Verhältnisse auch waren.

Am Nachmittag würde sie in der Sporthalle Federball spielen, was ihr trotz mancher Gebrechen, die sie plagten, immer Vergnügen bereitete.

Manchmal lag sie abends lange wach auf dem Eisenbett. Dann musste sie daran denken, dass ihre Strafe bedauerlicherweise bald abgelaufen war. Es war bereits das dritte Mal, dass sie in Tochigi einsaß. Sie hatte der Direktorin versprochen, nicht mehr wiederzukommen. Das wollte sie auch diesmal tun. Aber genauso fest stand für sie, dass sie auf keinen Fall einsam und unbemerkt sterben wollte, wie so viele Japanerinnen im hohen Alter. Abgekapselt hatte sie lange genug gelebt. Und ihre Kinder, die sich wohl ihrer schämten, würde sie vermutlich nie mehr wiedersehen. Nein, die letzte Lebensphase sollte angenehm für sie sein. An heimischer Stätte würde sie den Tod erwarten. Es muss ja keine Mango, kein Reisbällchen und kein Erkältungsmittel sein, lächelte sie.

im Klang der Glocke
das Lied der Sehnsucht
sie packt den Koffer

Thomas Berger

Die neue Normalität

Etwas abseits vor dem Geschäft den Mund-Nasenschutz überstreifen. Die Brille beschlägt. Ich drücke den dünnen Draht fester über den Nasenrücken. So geht es.

den Durchblick finden
Verschwörungstheoretiker
haben Hochkonjunktur

Nur nicht beirren lassen. Ich fische eine passende Münze aus dem Portemonnaie und schaue mich um.

Alu-Hüte – in der Szene
der letzte Schrei

Die Desinfektionsstation direkt neben den angeketteten Wagen. Vom Parkplatz nähern sich die, die ihre Einkäufe bereits im Auto verstaut haben. Wer kommt jetzt zum Zug?

in der Bibel steht
„Liebe deinen Nächsten
wie dich selbst"

Geschafft! Im Laden jeder Gang besetzt. Wer darauf wartet, durch einen freien Gang schieben zu können, hält den Verkehr auf.

hier ist sich jeder selbst
der Nächste

Vor der Kasse Stau, allerdings mit gebührendem Abstand, zwischen Kühlregal auf der einen und Plätzchen, Pralinen und Schokolade auf der anderen Seite.

„I want to fly away"
aus dem Ladenlautsprecher
singt Lenny Kravitz

Endlich wieder draußen! Den Wagen anschließen, niemand steht *im* Weg.
Die Hände noch einmal desinfizieren und ich kann mich *auf* den Weg machen.

daheim – im Birnbaum
zwitschert die Amsel

Brigitte ten Brink

Die Dombauhütte

Glockenhell klingt es aus der Werkstatt. Meißel, geführt von behand-
schuhten Händen, treffen den rötlichen Stein. Es ist Sandstein aus einem
Mittelgebirge, das nahe liegt. Aus dem steinernen Block entstehen unter
den Schlägen die Züge einer Fratze, es ist ein Dämon. Hoch oben am
Turm, dem Himmel nahe, soll er den alten ersetzen, den Zeiten und Zivi-
lisation beinahe ganz zersetzt haben. Längst wären alle Dämonen ver-
schwunden, würde der Mensch sie nicht stets erneuern.

Horst-Oliver Buchholz

Meeresrauschen

Auf die beiden schwarz lackierten Tafeln, die im Flur des Gästehauses an der Wand hängen, sind Schneckengehäuse und paarweise Muschelschalen geklebt. Jeweils darunter stehen auf säuberlich beschrifteten Papierstreifen ihr lateinischer und deutscher Name. Ein fleißiger Gast hat die Exponate, die alle von der Insel stammen, im Laufe mehrerer Sommerferienaufenthalte zusammengetragen. Die abschließend entstandenen Schautafeln hat er den Wirtsleuten der Pension geschenkt.

Der kleine Junge bleibt oft vor einer der beiden Tafeln stehen. Viele der Schalen und Gehäuse sind ihm vertraut. Einige sind sehr leicht zu finden. Andere hingegen entdeckt man zwar hin und wieder, aber leider meistens nur in arg beschädigtem Zustand, zum Beispiel die langen und schmalen, sehr empfindlichen Schalen der Schwertmuschel. Auch das Gehäuse der Wellhornschnecke findet man nur in ziemlich mitgenommener Beschaffenheit am Strand.

Einige der Exponate hat der Junge draußen noch nie gesehen.

Wenn man ein heiles Gehäuse der Wellhornschnecke an sein Ohr halte, dann könne man, hat der Vater gesagt, das Rauschen des Meeres hören.

Reinhard Dellbrügge

Sehnsuchtsorte

Zu lauter irischer Tanzmusik wische ich den Staub der Woche, auch vom alten Glassturz, in dem ich mein Torfstück aufbewahre. Meine Gedanken schweifen zurück.

Wir hatten noch unser gelbes Auto, mit dem wir quer durch das grüne Irland zuckelten. Unsere erste große Reise.

Andenken, die es an jeder Ecke gibt, sind nicht so mein Ding, aber eine damals feuchte moorige Torfsode aus dem Hochmoor im wilden ursprünglichen Connemara wollte mitgenommen werden.

Vogelzug
wie mich das Fernweh plagt

Hildegard Dohrendorf

Er

Nach dem Besuch bei seiner Frau ruht er etwas aus; wie jeden Tag auf der alten, morschen Bank. Zwischen den Grabsteinen umtanzen sich zwei Schmetterlinge. Ihre Flügel reflektieren in schillernden Farben das Sonnenlicht.

seine blutleeren,
rissigen lippen verzerrt –
ein kurzes lächeln

Mario Freingruber

Im Lusam-Gärtlein

Das Grabmal ist übersät mit Lindenblüten. Die stammen vom Baum, der den Quader beschattet. Blumen bringen die Liebenden Würzburgs. Nie sei der Stein ungeschmückt, hören wir.

An den vier Ecken sind runde Vertiefungen eingelassen. Denn der Dichter soll verfügt haben, nach seinem Tod täglich die Vögel zu füttern. Wegen seines Namens? Oder weil ein Sänger von den Vögeln am meisten lernt? Elisabeth schüttelt Brosamen aus ihrem Beutel in eine der Mulden. In einer anderen steht ein Rest Regen. Das Grabmal ist noch nicht alt, das eigentliche Grab unbekannt, hier irgendwo soll es liegen, im Gärtlein, wo einst Kreuzgang und Begräbnisstätte des Stifts lagen, oder in der Neumünster-Kirche, durch deren dicke Mauern dunkle Gesänge zu dringen beginnen.

Walthers Grab –
eine Frau berührt unter Blumen
den Stein.

Ist „Tandaradei" sein berühmtestes Wort oder „Ich saß auf einem Steine"? Ich tippe auf „Tandaradei". Herrscher kommen und gehen, die Liebe bleibt. Der Kaiser hat abgedankt. Lehen für den Dichter vergeben nun Kaufleute. Ein Dichter, der denen nicht passt, darf sich frei zu den Spatzen gesellen. An Liedern wird es trotzdem nie mangeln.

Gibt Geld Sicherheit oder korrumpiert es? Der Dichter muss zu singen beginnen. Was dem ersten Ton folgen wird, weiß nicht einmal der Wind. So viele unnütze Gedanken! Ein Spatz flattert her, trinkt aus der Mulde mit Wasser, schwingt sich auf und fliegt über Mauern davon. Wir schauen uns an.

Volker Friebel

auf dem Zafu

Zum sonntäglichen Treffen ist nur eine Handvoll Teilnehmer erschienen. Alle Fenster sind geöffnet und frische Frühlingsluft flutet in den weiß getünchten Raum. Warm glänzt das Licht der Abendsonne auf dem alten Holzfußboden. Das rituelle Teetrinken liegt bereits hinter uns. Wir richten uns ein für die erste Runde.

auf dem Zafu –
in die Stille klingt
ein Amsellied

Claus Hansson

In der Hölle

Zum vierten Mal verbringen wir unseren Urlaub nun schon hier, haben die *Hölle* aber erst im zweiten Jahr entdeckt. Die *Hölle* – ein Weingut außerhalb der Ortschaft, inmitten der Reben, nah den lebensfeindlichen Salzlaken, unweit des Neusiedler Sees. Im vergangenen Jahr waren wir öfter dort, nicht täglich, aber immer, wenn unsere Tour einen Abstecher zuließ.

Gründe, wieder und wieder dorthin zu fahren, gab es viele. Einfaches Essen, ehrlicher Wein, das faltige Gesicht der Wirtin voller Würde und Gelassenheit, eine wachsende Hühnerschar, die neben und unter den Bänken pickte und in einem Sessel Eier legte. Gerade waren Küken geschlüpft. Sechs kräftige Vögelchen drängten sich in einer Kiste zusammen, ein kleineres kauerte der Gruppe gegenüber, das linke Beinchen schlaff. Fraß nichts von dem reichlich vorhandenen Körnerfutter, selbst dann nicht, wenn die Wirtin es zu füttern versuchte. Wenn aber der Winzer es in seiner großen Hand barg und mit der Fliegenklatsche für Frischkost sorgte, dann langte es kräftig zu. „Mal sehen", meinte die Wirtin auf meine Frage nach den Überlebenschancen.

Nun also zum vierten Mal. Gleich die erste Tour führt uns in die *Hölle*. Wir werden mit Handschlag begrüßt, der *Sämling 88* erinnert entfernt an einen *Müller-Thurgau* und alles ist wie immer. Ich zähle die Hühner, suche nach einem, das vielleicht ein bisschen kleiner ist, als die anderen und frage schließlich. „Sollte nicht sein", bedauert die Wirtin.

unser tägliches Brot ...
mit glänzenden Augen
teilen

Gabriele Hartmann

137

Die letzte Leitersprosse

Ich stehe auf der letzten Leitersprosse und lasse die höhere Sichtweise auf mich einwirken. Mit den Händen streiche ich über den mit Moos bewachsenen Ast und überlege, dass so ein Baum, wie alles andere Pflanzliche auch, vom ersten bis zum letzten Moment an derselben Stelle steht. Ich schaue in die Baumkrone und frage mich leise, wie er das aushält, ohne am Leben zu verzweifeln, ohne zu wissen, was ein kanadischer Mammutbaum dem mickrigen Frankfurter Zwetschgenbaum alles erzählen könnte. Es gibt keine Antwort auf diese Frage, kein bedeutungsvolles Raunen in den Blättern, kein Kribbeln in der nun ruhig am Stamm liegenden Handfläche.

Vom alten Ahorn
auf dem Weg zum Bergsee
stammt das Laub im Brief

Georges Hartmann

WIDER DIE LEERE

Alte Bücher einer Bekannten. Für den Bücherschrank unter Bäumen im übernächsten Dorf. Voll wie immer. Zwanzig uralte Bücher räume ich erst einmal aus. Die meisten fürs Altpapier. Von Elke Heidenreich eine Kolumnenreihe. Wohlstandsproblemchen. Drei Erzählungen genügen.

> Brief an seine Kinder
> vom Geplapper
> in den Zeitungen

Birgit Heid

Eschachtal

Ein schmaler Pfad führt hinunter, dann direkt am Bach entlang. Ich lausche seinem Lied und dem der Vögel. Das frische Grün spiegelt sich im klaren Wasser. Hie und da Sumpfdotterblumen, die im dämmrigen Licht besonders leuchten.

Und dann wird die Eschach still. Kein Plätschern, kein hektisches Fließen mehr. Meditation pur. Raum für Erinnerungen, Lächeln und Tränen ...

Es war einmal –
der Liebesfilm
spult zurück

Angelika Holweger

Bereicherung

Es gibt keine beleuchteten Springbrunnen in Otsu, keine Konzerte, auch das Daimonjifest in Kyoto fällt aus. Die Kurzarbeit im beliebten Buchweizennudelrestaurant mit langen Wartezeiten zwingt zum Selbstkochen. Mein Haus und meinen Garten erlebe ich neu. Vom gerade erworbenen Liegestuhl geniesse ich die Segelboote auf dem Biwasee, gross und orangen steigt der Vollmond hinterm Berg auf, spiegelt sich golden im See. In sanftem Wind wehen Gräser und Blumen um mich, das Live-Konzert ändert sich stets, dem früheren Duett von Froschquaken und Zikadenzirpen sind neue, verschiedene Töne von Grillen gefolgt. Grandioses Wetterleuchten und dann – in den Schlaf sinken.

> Zoomen, mit Freunden
> im Garten Gespräche. Zeit
> fuers Meditieren.

Saskia Ishikawa-Franke

In den Bergen im Bezirk Nagano liegt eine kleine Grundschule, dort sind mein Mann und ich Gäste, um an diesem Tag die Schule und die Kinder kennenzulernen. Die Lehrerin heftet uns und den Kindern ein Namensschild in deutscher und japanischer Schrift an die Kleidung. Nach der offiziellen Begrüßung lädt uns die freundliche Lehrerin ein, mit den Kindern an dem Saiteninstrument „Koto" gemeinsam zu spielen. Die Kinder haben ihren Spaß, uns zu zeigen, wie die Saiten gezupft werden. Die Lehrerin bittet uns, ein deutsches Lied zu singen; voller Staunen in den Augen hören die Schüler zu. Nun singen sie uns ein jap. Lied vor. Es macht Freude ihnen zuzuhören. Es gibt auch ein Verstehen, ohne die Sprache einer anderen Kultur sprechen zu können.

Nach der Unterrichtsstunde gibt es in einem Essraum für die Kinder und uns ein Mittagessen. Die Schüler haben sich einen Mundschutz umgebunden und einen weißen Kittel angezogen, bevor sie ein Schälchen mit Reis und Gemüse auf unseren Platz stellen. Das Essen schmeckt uns sehr gut. Nach dem Essen räumen sie die leeren Schälchen gemeinsam ab. Alles findet in einer sehr freundlichen Weise statt. Voller Dankbarkeit und angetan von der Fröhlichkeit der Kinder nehmen wir winkend Abschied.

Ein wunderbares Erlebnis!

Ute Kassebaum

Mutter

Ich lade sie ein. Zum Frühstück. In unser Lieblingscafé, dem Turmcafé.
Dort gibt es einen Fahrstuhl. Sie sieht mich an: „Dort war ich noch nie!"
Ich erschrecke. Wieder einmal. Egal – sie lächelt und freut sich.

erste Schneeglöckchen
Bilder der Vergangenheit
treiben im Nebel

Silvia Kempen

Strandwanderer

Als er am Strand die Sonne in die Nacht begleitete, den zarten aber doch
so starken Seeschwalben bei ihrem lautstarken übermütigen Spiel mit Luft
und Wasser zusah, traf er eine Strandwanderin. Sie waren beide beglückt
von den Farben und Melodien des Lebens. Sie erzählte ihm eine Ge-
schichte von zwei Strandwanderern. Es war ihre Geschichte. Er nahm ihre
Hand und sie spürte am suchenden Spiel seiner Finger, dass es jetzt auch
seine Geschichte war. Sie waren dankbar, sich gefunden zu haben. Ihre
Herzen ließen nicht zu, dass die Hände sich trennten. So schliefen sie ein
in den Dünen, Hand in Hand. Als der Morgen sie weckte, empfing sie ein
strahlendes und warmes Licht. Sie flüsterten sich ihre Namen und riefen
sie dann laut in die Weite des endlosen Himmels und des Meeres und
wussten, dass sie sich immer rufen werden. Wenn sie in die traumhafte
See eintauchen, wird mehr als Meerwasser ihre Augen umspülen.

Strandwanderer den
Blick nach unten gerichtet –
Buntes Meerglas lockt

Reinhard Lehmitz

144

Träumereien

Als ich Kind war, wünschte ich mir zum Geburtstag eine Negerpuppe.
Sie war tausendmal schöner als alle anderen.
Und wenn irgendwo das Wort „Zigeuner" fiel, war da sofort eine Sehnsucht nach Abenteuer, Gitarren und Pferdewagen.
Heute weiß ich natürlich, dass meine Träumereien weltfremd und sentimental waren. Aber da gab es das Lied von Alexandra ...
Tam ta ta ta ta tam tam ta
Nun, die Welt hat sich gedreht.
Es gibt neuerdings sogar zwei verschiedene Meinungen zum Thema „Menschenleben retten".

Schiffbruch
eine Möwe hadert
mit der Stille

Eva Limbach

Magie

Ich stehe auf dem Bahnsteig des Vorstadtbahnhofs. Alles wirkt trostlos hier, von einem griesgrämigen Grau überzogen. Auch die Mitwartenden schauen missmutig vor sich hin.

Seifenblasen!

Plötzlich sind sie da. Ich weiß nicht, woher sie kommen, bis ich die junge Frau sehe. Auffällig bunt gekleidet wie eine Clownin, bewegt sie sich zwischen den Menschen. Sie hält einen Ring in ihren Händen, aus dem sich die vielfarbig schillernden Kugeln schwebend in alle Richtungen verteilen. Das verleiht der lähmenden Tristesse ringsum heitere Leichtigkeit. Gesichter hellen sich auf.

> aus dem Hut
> des Magiers gezaubert:
> ein Lächeln

Ingrid Meinerts

Makronen

Sie betritt den Flur und riecht es sofort. Auf der untersten Treppenstufe bleibt sie stehen. Sie schnuppert. Ja. Unverkennbar. Aus der Wohnung im Erdgeschoss duftet es nach frischen Plätzchen. Makronen. Diese luftigen Gebilde aus Eiweißschaum und gemahlenen Nüssen.

Mit zwei Kaffeelöffeln werden sie vorsichtig auf fade Oblaten gesetzt. Danach mehr getrocknet als gebacken. Perfekte Makronen sind weich und besitzen gleichzeitig Biss. So wie die ihrer Schwiegermutter. So wie die, von denen ihr Mann bis heute schwärmt und mit denen sie nie, nie, nie konkurrieren kann.

Warum mag er kein Spritzgebäck? Das kann sie, gut sogar.

Ihre Hände
treffen sich im Teller
zufällig

Sigrid Mertens

Scaligero

Obwohl der Himmel die meiste Zeit des Tages bewölkt ist, bleiben wir in Malcesine. Ich gehe zum See hinunter. Das Wochenende ist vorbei, die vielen Segelboote und Gleitschirmflieger sind verschwunden. Hier ist der Alltag wieder eingekehrt und dann und wann leuchtet warm die Sonne zwischen den Wolken hervor. Der See ist ruhig, hat nur wenig Wellengang. Am Ufer das sanfte Plätschern an die Kaimauern, auf den groben Kies. Enten und Blesshühner fischen auf und unter der schillernden Wasseroberfläche. Nur von der Uferstraße dringen Motorengeräusche gedämpft durch riesige Hecken. Wir steigen die Festung Scaligero hinauf, in der Goethe in Folge eines Missverständnisses beinahe eingekerkert wurde. Heute ist die Burganlage gepflegt und zurückhaltend gestaltet.

Eine Hochzeit mit weißer Braut aus der neuen Welt. Die Trauung ist bereits vollzogen, jetzt folgen Feier und Fotoshooting in tausend Posen – auf dem Arm des Bräutigams, lachend den Schleier um sich werfend, tanzend um den Brunnen herum, ans Gemäuer gelehnt, gegen die Sonne blinzelnd, nebeneinander in eine Zukunft winkend. Immerhin ist nach Goethe die Ehe „der Anfang und der Gipfel aller Kultur". Grandios scheint die Sonne auf das junge Glück und lässt ihm den Blick hinab auf die klaren See, die Boote und Dachgärten, die Terrassen und Stufen der alten Welt. Später legt sich warmes Abendlicht auf die Berghänge, die Felsen, das poröse Gestein.

> Zwei alte Schwäne
> gleiten am Ufer entlang
> Autohupen

Frank Sauer

Sandtorte

Die Küche, immer blitzsauber, roch nach Ferien, als sei vor Kurzem gebacken worden. Die Schüsseln aus braunem Steinzeug rochen irden, ein klarer Duft. Bei ihrem Anblick und wenn ich eine herausholen sollte aus dem Schrank, wenn ich ihre kühle Glätte spürte, dachte ich an den Krieg. Denn mir war gesagt worden, dass diese Schüsseln aus der Kriegszeit stammten. In der größten der drei rührte meine Großmutter Kuchenteige an, mit einem Holzlöffel und nur in eine Richtung, wenn es ein Sandkuchen werden sollte. „Sandtorte" hieß das bei uns, obwohl es mit einer Torte nichts zu tun hatte. Ich beobachtete fasziniert, wie aus Fett, Eiern, Zucker und Mehl nach und nach eine homogene Masse entstand. Großmutter hielt die Schüssel mit dem linken Arm an ihren Leib gedrückt und rührte mit rechts. Endlos. Wenn alles gut verrührt war, stellte sie die Schüssel auf der Arbeitsfläche ab. Nun durfte ich auch rühren, schaffte aber kaum mehr als drei oder vier Runden. Aus der Kriegszeitschüssel füllte Großmutter den Teig in die noch ältere Kastenform, die aus dem Haushalt meiner Urgroßmutter stammte. In der folgenden Stunde lief ich immer wieder zum Herd, um durch das Fenster der Ofentür zu schauen, ob der Kuchen aufging.

In all den Jahren
hatte sie nie einen Fleck
Großmutters Schürze

Maren Schönfeld

zwei rehe

unter dem bergwald; regungslos blicken sie über den wiesenhang, dort, wo
ein gletscher einst den talrand formte

der knospende baum
meiner träume
flüsterwind

zwischen stacheldrähten hindurch das wild mit leichtem sprung.

helga stania

Statt eines Haibun

Morgendämmerung
Auseinandersetzungen
Abenddämmerung

Abenddämmerung
Auseinandersetzungen
Morgendämmerung

Wolfgang Volpers

Der Lindenbaum ist zurzeit ganz in meinem Fokus. Vor unserem Haus in Bautzen befindet sich eine alte Allee.

Mit der Sammlung von fast 1000 Unterschriften setze ich mich mit anderen Aktivisten für den Erhalt dieser Bäume ein, denn für einen künftigen Straßenumbau sollen 60 von 80 Bäumen gefällt werden!

Die Lindenallee
trägt ihr erstes Blattgold –
durch die Regennacht

Das Gold der Bäume ist einfach nicht mit Geld aufzuwiegen. Ich hoffe, dass die Entscheidungsträger das auch bemerken.

Beate Waszner

Haibun aus dem Projekt „**Haltestellen – Wartezeiten**"

– unterwegs in Stuttgart mit dem 43er Bus –

Die Wartezeit an einer Bushaltestelle – eingefangen wie in einer Zeitkapsel – der Augen-Blick skizziert mit all seinen Irritationen aus dem spontanen inneren Erleben heraus. Ein Moment nur, eingefangen, eingeschlossen in Worten und doch nicht abgeschlossen, jederzeit bereit, sich erneut auf den Weg zu machen, zur nächsten Haltestelle.

Rathaus

Das Schild Marktstraße verrät, wohin wir gehen müssen, aber in dieser Stadt finden Trauungen nicht im Rathaus statt sondern im Exil. Der Chor der Leonhardskirche singt dazu das Lied vom gefallenen Mädchen. Im Biorestaurant muss der Abendvegetarier selbst anschaffen, während die Einkäufe über den Glasaufzug das Breuninger Parkhaus betreten und sich die Finger an der Stadt nicht schmutzig machen. Ein Spezialist ruft Möck, Möck, Möck und singt mit Lausch und Zweigle von den Vereinigten Hüttenwerken, die der letzte Krieg geboren hat, bis sie die Schande in Beton gegossen haben, ein immerwährender Aufbau für die Stadt. Fassaden sanieren? Abreißen ist Trumpf. Parkhäuser werden entkernt und sind beständig wie Arnulf Kletts Stadtautobahn, die Schlange an der Fußgängerampel stehen muss und es nicht erwarten kann, bis die Abgase verduftet sind und Pferdestärken über das Pflaster dönern.

ein kran schwenkt und küsst
sein spiegelbild im hochhaus
das den mund verzieht

Jutta Weber-Bock

AUTORENVERZEICHNIS

Ellen Althaus-Rojas, Sylvia Bacher, Christa Beau, Thomas Berger, Martin Berner, Eva Beylich, Freya Bielefeld, Elke Bonacker, Claudia Brefeld, Horst-Oliver Buchholz, Mait Buttgereit, Ingo Cesaro, Verona Costache, Maya Daneva, Michael Deisenrieder, Reinhard Dellbrügge, Hildegard Dohrendorf, Bernadette Duncan, Hans Egerer, Mario Freingruber, Gerda Förster, Volker Friebel, Nicol Goudarzi, Gregor Graf, Ruth Guggenmos-Walter, Matthias Gysel, Taki Haijin, Erika Hannig, Gabriele Hartmann, Georges Hartmann, Sylvia Hartmann, Bernhard Haupeltshofer, Birgit Heid, Marina Heinisch, Monika Herrmann, Angelika Holweger, itazura, Ilse Jacobson, Rüdiger Jung, Deborah Karl-Brandt, Manfred Georg Karlinger, Ute Kassebaum, Silvia Kempen, Petra Klingl, Hildegard Korsten, Gérard Krebs, Renate Küppers, Moritz Wulf Lange, Reinhard Lehmitz, Katja Leonhardt, Gerhard Leppmeier, Eva Limbach, Barbara Lindner, Ramona Linke, Otmar Matthes, Johann Matye, Ingrid Meinerts, Sigrid Mertens, Shawn Mödl, Eleonore Nickolay, Jutta v. Ochsenstein, Heidelore Raab, Sonja Raab, Rita Rosen, Peter Rudolf, Frank Sauer, Annika Carmen Schmidt, Maren Schönfeld Angelica Seithe, Hildegund Sell, Sulamith Sommerfeld, Gerhard A. Spiller, Helga Stania, Antje Steffen, Jochen Stüsser-Simpson, Brigitte ten Brink, Angela Hilde Timm, Ingrid Töbermann, Wolfgang Volpers, Beate Waszner, Jutta Weber-Bock, Jan C. Weck, Birgit Wendling, Friedrich Winzer, Klaus-Dieter Wirth, Gisela K. Wolf, Stefan Wolfschütz, Anna Würth